道をひらく
賢者の名言 100

木村　進　Shin Kimura

SOGO HOREI PUBLISHING CO., LTD

はじめに

人生は茨の道である。

だからこそ、背中を押してくれる何かが欲しい。

そんな思いから、偉人たちの「名言」を集めてみました。

彼らの言葉には言霊が宿っています。力があります。彼らは決して楽な人生を送っていません。生まれた環境、過ごした時間、最期の瞬間など、私達が想像もできないものが言葉に内包されているからです。そんな偉人の言葉が、きっと皆さんの道を切りひらいてくれるでしょう。

本書では「志」「動」「生」「愛」の4つのテーマをもとに構成しています。また、名言に解説はつけていません。それは皆さんに名言を自由に読み解いていただきたいからです。皆さんの気持ちや状況によって、名言は180度変わって見えてくるはずです。一方からの視点ではなく、他方から見ることで、名言をより深く感じられることでしょう。

本書で心に遺る名言を見つけてみてください。

Chapter 1
志
ambition

Contents

Chapter 2

動

action

Contents

Chapter 3

生

life

Contents

Chapter 4

愛

love

Contents

ブックデザイン　大口太郎
DTP　横内俊彦
校正　矢島規男

Chapter 1

志

ambition

大人とは、裏切られた青年の姿である。

太宰　治

小説家（１９０９－１９４８）日本

１９０９年６月13日、青森県北津軽郡金木村（現：五所川原市）生まれ。本名、津島修治。青森中学、弘前高校を経て東京大学仏文科中退。井伏鱒二に師事。同大在学中、共産主義運動に挫折。以後、自殺未遂や薬物中毒をくり返すも、１９３６年『晩年』で認められ、『駈込み訴へ』『走れメロス』などにより作家としての地位を確立した。第２次世界大戦後は『トカトントン』『ヴィヨンの妻』『斜陽』『人間失格』などを書いて無頼派と呼ばれた。48年６月13日、山崎富榮と玉川上水に投身自殺した。

若い青年の最も重要な課題は、学習である。

ウラジーミル・レーニン

革命家・ソ連初代指導者（１８７０－１９２４）ロシア

１８７０年、ヴォルガ河畔シンビルスクに生まれる。17歳で革命運動に参加。流刑・亡命生活を経て、１９１７年、二月革命後に帰国した。ボリシェヴィキ（ロシア社会民主労働党左翼の多数派）を率いて十月革命を成功させ、史上初の社会主義政権を樹立した。人民委員会議長としてソヴィエト連邦の建設を指導し、マルクス主義を発展させ、その後の国際的革命運動に大きな影響を与えた。著書『帝国主義論』『国家と革命』など。

青年は真面目がいい。

夏目漱石

小説家（１８６７－１９１６）日本

１８６７年1月5日、江戸の牛込馬場下横町（現：東京都新宿区喜久井町）生まれ。本名、金之助。少年時は漢詩文に親しみ、大学予備門で正岡子規を知り俳句を学ぶ。東京大学英文科卒後、松山中学、五高教師を経て１９００年に渡英。03年に帰国後、一高、東大講師となり、05年から『吾輩は猫である』『坊っちゃん』を雑誌『ホトトギス』に発表して文名をあげた。07年、朝日新聞入社後『虞美人草』『坑夫』『三四郎』などを同紙に発表し、作家としての地位を確固たるものにした。10年の修善寺大患以後『彼岸過迄』『行人』『こゝろ』などでエゴイズムの問題を追求した。森鷗外と並ぶ明治の代表的文学者。門下に安倍能成、阿部次郎、小宮豊隆、鈴木三重吉、森田草平、寺田寅彦、芥川龍之介らがいる。

世の人は我を何とも言わば言え、我が成すことは我のみぞ知る。

坂本龍馬

幕末の志士（1835－1867）日本

1835年11月15日、土佐藩の裕福な郷士の次男として生まれ、江戸で剣術を修行。帰郷して土佐勤王党に参加。脱藩後、幕臣の勝海舟の門下生として航海術などを学んだ。65年、薩摩藩の援助を受けて貿易商社亀山社中を設立。薩摩藩と長州藩の間を斡旋して両藩の和解・盟約を成立させた「薩長同盟」、新国家体制の基本方針「船中八策」をまとめ大政奉還を建白するなど、倒幕のきっかけを作り明治維新に影響を与える役割を担ったが、67年12月10日に京都・近江屋で暗殺された。

わたしのことを悪く言う人がいても憤慨してはいけない。
満足しようではないか、彼らが我々に剣を向けないというだけでも。

アウグストゥス

ローマ帝国初代皇帝（紀元前63－紀元後14）ローマ帝国

前27－後14年、在位。紀元前63年9月23日、騎士身分のガイウス・オクタウィウスとカエサルの姪アティアの間に生まれ、オクタウィウスという名前をつけられる。父の死後、カエサルの保護を受け、アフリカ凱旋やスペイン遠征にも同伴した。カエサルの暗殺とその遺言による養子相続人への指名を伝え聞き、名門ユリウス氏族の後継者としてガイウス・ユリウス・カエサル・オクタウィアヌスと名のった。「選挙買収についてのユリウス法」「結婚規制についてのユリウス法」「姦通処罰についてのユリウス法」の3法を立法させた。

人間出世の目標は、精神的であって、物質的ではない。
物質的欲望によって、
人間は決して永久に心の満足を得られるものではない。

高橋是清

第20代内閣総理大臣・大蔵大臣（1854－1936）日本

幕府の絵師川村庄右衛門の庶子として江戸に生まれ、仙台藩士高橋是忠の養子となる。ヘボン塾（現：明治学院大学）で学んだのち1867－69年、留学生として渡米。帰国後は官僚などを務め1913年、第1次山本権兵衛内閣の蔵相となり、政友会に入党。18年に原敬内閣の蔵相を歴任した。21年10月には原敬暗殺を受けて、政友会総裁、首相となる。しかし、党内対立から22年6月に辞職する。27年の金融恐慌では4月22日、田中義一内閣の蔵相として、3週間の支払猶予緊急勅令を公布。その後、犬養・斎藤・岡田ら3内閣の蔵相として財政問題処理に尽力したが、軍部と衝突し、二・二六事件で暗殺された。著書に『高橋是清自伝』（1936）がある。

大器をつくるには、いそぐべからざること。

吉田松陰

幕末の志士・思想家（１８３０－１８５９）日本

１８３０年８月４日、長州藩の下級武士杉常道の子として生まれる。名は矩方。通称寅次郎。10歳にして藩校明倫館で講義を行った。その後、山鹿流軍学師範を務め、51年に佐久間象山に師事する。54年、ペリー再航に際し海外密航を画策、下田沖の米艦に身を投じたが、失敗して藩に幽閉される。松下村塾を主宰し、高杉晋作ら尊攘派志士を教育し、明治維新に思想的影響を与えた。安政の大獄で刑死。著書『講孟劄記』がある。

「自分なら世界を変えることができる」
そんなことを本気で信じた人達が、この世界を変えてきたのだ。

スティーヴ・ジョブズ

アップル共同創業者（1955－2011）アメリカ

1955年2月24日、カリフォルニア州サンフランシスコに生まれる。同州クパチーノで養子として育つ。オレゴン州のリード大学に入学したが1学期で退学し、アタリ社に入り設計技術者として働く。76年、スティーヴ・ウォズニアックらとアップルコンピュータを設立。77年、パーソナルコンピューターを発表し、84年にはマッキントッシュを発売し、一躍80年代の初期PC文化の旗手的存在となった。一度は同社を離れたが復帰し、のちにCEOに就任。iPod、iPhone、iPadなどのヒット商品を世に送り出した。2004年に膵臓がん、09年には肝臓がんの手術を受けるなど体調を崩し、11年8月にCEOを退き、同年10月5日に死去した。

夢を求め続ける勇気さえあれば、すべての夢は必ず実現できる。

ウォルト・ディズニー

アニメーター・映画製作者（1901－1966）アメリカ

1901年12月5日、シカゴに生まれる。ミズーリ州の農園で育ち、カンザス・シティやシカゴで漫画を学んだあと、23年、ロサンゼルスで兄ロイとともに当時まだほとんど未開拓のアニメーション映画を作る会社を設立。『漫画の国のアリス』『うさぎのオスワルド』などのシリーズを製作するも、キャラクターを配給業者に奪われる。28年、ミッキー・マウスを登場させた『飛行機クレージー』を製作、同年、最初のトーキー・アニメーション映画『蒸気船ウィリー号』により、映画事業の鉱脈を掘り当てた。アカデミー賞の個人受賞最多記録をもつ。55年にカリフォルニアに大規模な遊園地「ディズニーランド」を開園させた。66年没。

志のあるところに道は拓かれ、求めるところに師は現れる。

鬼塚喜八郎

アシックス創業者（1918-2007）日本

1918年5月29日、鳥取県気高郡明治村大字松上（現：鳥取市松上）で農家の三男二女の末子として生まれた。36年鳥取第一中学校卒業。陸軍士官学校を目指したが、肋膜炎のため断念した。戦死した友人の代わりに鬼塚家の養子となる。49年に鬼塚商会を設立。「オニツカタイガー」を国内有数のスポーツシューズブランドに育てた。77年に同業2社と合併し、「アシックス」を設立、初代社長となる。92年の会長就任後も業界団体のスポーツ産業団体連合会会長、日本バスケットボール協会会長などを歴任。83年オーストリア共和国功労勲章大銀章、88年勲三等瑞宝章、2001年オリンピック・オーダー銀章を受章した。

アイデアの良い人は世の中にたくさんいるが、
良いと思ったアイデアを実行する勇気のある人は少ない。

盛田昭夫

ソニー共同創業者（１９２１－１９９９）日本

１９２１年1月26日、老舗の造り酒屋の長男に生まれる。44年に大阪大学理学部物理学科を卒業し、海軍技術中尉に任官する。戦時研究委員会で井深大と知り合う。46年、井深大と共同で東京通信工業（現：ソニー）を設立、営業を担当し「世界のソニー」に育て上げた。「ウォークマン」の発案者でもある。71年から社長、会長、ファウンダー・名誉会長を歴任、86－93年まで経済団体連合会副会長を務めた。著書『メイド・イン・ジャパン』（１９８７）は32カ国で刊行され、約１５０万部のベストセラーとなる。98年『TIME』誌で、20世紀に最も影響力のあった経済人20人の一人に選ばれた。

成功の第一の秘訣は、情熱にある。

ウォルター・クライスラー

クライスラー創業者（1875－1940）アメリカ

1875年4月2日、カンザス州のワミーゴウ生まれ。ユニオン・パシフィック鉄道の機械工場に見習工として入社した。1911年、ビュイック部門の製作部長として、創立直後のゼネラル・モーターズで活躍、19年にビュイック部門の社長を辞任した。25年、クライスラー社を設立した。28年には名車「プリマス」を発表し、「フォード」「シボレー」に対抗する第三勢力となった。同年、『TIME』誌の「今年の人」に選ばれた。67年自動車殿堂入り。

言葉の奴隷になるな。

トーマス・カーライル

評論家・歴史家（1795－1881）イギリス

1795年12月4日、スコットランド、アナンデールの石工の息子として生まれる。母から読み書きを、父から算数を学んだのち村の小学校に入学した。7歳で英語を身につけ、ラテン語を学び始める。1809年、14歳でエディンバラ大学に入学した。卒業後、『ロンドン・マガジン』に連載した『シラー伝』（1825）が出版され、ドイツ・ロマン派の紹介者としての地歩を固める。33－34年『フレイザーズ・マガジン』に連載した『衣装哲学』によって、ゲーテ、ジャン・パウルなどの影響の濃いロマン主義的宗教観、芸術観が確立した。主作品は『フランス革命史』『英雄および英雄崇拝』『フリードリヒ大王伝』など。

私を導くものは、真実への情熱だけだ。
あらゆる問題について、私はこの点から考える。

チェ・ゲバラ

政治家・革命家（1928-1967）アルゼンチン

1928年6月14日、アルゼンチンのロサリオ市の中流家庭に生まれた。45年、ブエノス・アイレス大学医学部に入学、53年に卒業後、ボリビアとグアテマラを訪問。55年夏、メキシコでフィデル・カストロに出会い、翌年12月にカストロらとともにキューバに上陸して、ゲリラ戦を開始した。59年1月、キューバの市民権を与えられ、国立銀行総裁、61年には工業大臣などの要職に就き、キューバ建設に貢献した。67年10月、ボリビア政府軍に包囲され、傷ついて捕えられたのち銃殺された。主著に『ゲリラ戦争』がある。

環境より学ぶ意志があればいい。

津田梅子

教育家・津田塾大学創立者（１８６４－１９２９）日本

１８６４年12月３日、西洋農学者津田仙の次女として生まれる。71年、７歳のときに岩倉遣外使節の一行に加わり、初の女子留学生としてアメリカに留学し、18歳で帰国した。華族女学校教授となり、再び渡米したあと、女子高等師範学校（現：お茶の水女子大学）教授を歴任した。１９００年に辞職し、女子英学塾（現：津田塾大学）を創立した。29年、64歳で死去。２０１９年に日本の紙幣が刷新された際、五千円札の肖像に採用された。

責任を取れない人間は、科学者であってはならない。
あなたに未来を作る資格はない。

ガリレオ・ガリレイ

物理学者・天文学者（１５６４－１６４２）イタリア

１５６４年2月15日、７人兄弟の長男としてピサで生まれる。81年ピサ大学医学部に入学、振子の等時性を発見。中退して力学を研究。89年にピサ大学講師となり、アリストテレス運動論の誤りを証明した。スコラ派学者と論争し辞職。１５９２－１６１０年、パドヴァ大学教授を務めた。「慣性の法則」などを明らかにし、09年に「ガリレイ望遠鏡」を製作して天体を観測、銀河が星の集りであることなどを発見し、「地動説」を主張した。32年、出版した『天文対話』が問題になり、翌年、宗教裁判にかけられ、地動説を捨てることを誓わされた。以後フィレンツェ郊外で監視つきの生活を送りながら『新科学講話』を書き、トリチェリやヴィヴィアーニらを教えた。科学の方法を確立し、「近代科学の父」と呼ばれる。

多数の友をもつ者は、一人の友ももたない。

アリストテレス

哲学者（前384－前322）ギリシャ

前384年、マケドニア王の侍医ニコマコスの子としてスタゲイラで生まれる。17歳のときにアテナイに出てプラトンの門下生となる。プラトンの学校アカデメイアで師の死まで20年間研究生活を送る。その後、王子（のちのアレクサンドロス）の教育にあたった。前335年、アテナイに学校「リュケイオン」を開いて「ペリパトス学派（逍遥学派）の祖」となる。『オルガノン』などを著し、古代で最大の学問体系を樹立した。前323年、アレクサンドロス大王が没し、反マケドニア運動が起こり、アテナイから追放され、母親の生地エウボイアのカルキスに逃れて、翌前322年に没した。

自分の生きる人生を愛せ。自分の愛する人生を生きろ。

ボブ・マーリー

レゲエ歌手・作曲家（1945－1981）ジャマイカ

1945年2月6日、ジャマイカ北部の村で英国人の父とジャマイカ人の母との間に生まれる。10代で首都のキングストンに出てトレンチタウンに居住する。60年代初頭から音楽活動を開始し、ジャマイカ音楽界に台頭するようになった。73年に発売された『キャッチ・ア・ファイアー』は、レゲエを世界に知らしめるアルバムとなった。代表的な曲、歌唱に『コンクリート・ジャングル』『ゲット・アップ・スタンド・アップ』『ノー・ウーマン・ノー・クライ』などがある。黒色腫を患い、36歳で没した。

最も強い希望は、絶望から生まれる。

バートランド・ラッセル

哲学者・数学者・論理学者（1872-1970）イギリス

1872年5月18日、イギリスのトレレックでラッセル伯爵家に生まれる。初等・中等教育を受けずに90年、トリニティ・カレッジに入学した。哲学、数学を専攻し、1916年に第1次大戦の反戦運動より罷免されるまで同大学で講師を務める。18年、半年間投獄されるも31年にラッセル伯位を継承した。50年、ノーベル文学賞を受賞。『数学の諸原理』『プリンキピア・マテマティカ』を著し、論理学に多大な影響を与える。社会評論家、社会運動家としては反スターリン運動、パグウォッシュ会議の開催、ベトナム戦争反対の「ラッセル法廷」などがある。

自分が多数派の側にいると気づいたら、
もう意見を変えてもいいころだ。

マーク・トウェイン

小説家（１８３５－１９１０）アメリカ

１８３５年11月30日、ミズーリ州の貧しい開拓民の子として生まれ、少年期をミシシッピ河畔で送る。65年、ニューヨークの新聞に書いた『跳ね蛙』が評判を呼び、69年『赤毛布外遊記』などのおおらかなユーモアが人気を集めた。『トム・ソーヤーの冒険』『ミシシッピに生きる』『ハックルベリー・フィンの冒険』などは自伝的小説。ホイットマンと並んで最もアメリカ的な文学者といわれ、その文学伝統を確立した国民的作家とされている。

自負、嫉妬、貪欲。
これらは人の心に火を放つ火花である。

ダンテ

詩人（１２６５－１３２１）イタリア

１２６５年、フィレンツェで金融業を営む貴族の家に生まれる。ベアトリーチェ・ポルティナーリを見初め、恋に落ちるも、90年、彼女の死にあい、強い衝撃を受ける。93年頃、彼女への愛を主題に抒情詩集『新生』を書いた。またフィレンツェの市政に参与したが、１３０２年に永久追放処分を受けてからは孤独な放浪生活を送り、『饗宴』（04－07頃）、『俗語論』（04－07頃、未完）などを執筆した。07年、大作『神曲』を構想、『地獄編』『煉獄編』を書き上げ、『天国編』を死の直前までかかって完成させた。この叙事詩は中世文明の集大成となった。ルネサンスの先駆けであり、のちのヨーロッパ文化に多大な影響を与えた。

才能ある若手にこそ、挫折を経験させなければならない。
挫折はその選手を成長させる、最大の良薬だからである。

ヨハン・クライフ

サッカー選手・指導者（1947－2016）オランダ

1947年4月25日、アムステルダム生まれ。20世紀を代表するサッカー選手の一人。63年、アヤックス・アムステルダムとプロ契約を結び、66年、19歳にして代表デビュー。71年・73年・74年の3度にわたり欧州年間最優秀選手に輝いた。73年には、当時史上最高額となる約7億500万円でFCバルセロナに移籍。78年に引退を表明したが、その後、ロサンゼルス・アズテックス入りし、以後3チームを経て、84年にフェイエノールト・ロッテルダムで現役を引退した。85年にアヤックスの監督に就任、88－96年にはFCバルセロナの監督を務め、チャンピオンズカップ優勝、リーガ・エスパニョーラ4連覇などに導く。2009－2013年はカタルーニャ選抜の監督を務めた。16年3月24日、肺がんにより死去。

苦しいこともあるだろう、言いたいこともあるだろう、
不満なこともあるだろう、腹の立つこともあるだろう、
泣きたいこともあるだろう、
これらをじっとこらえてゆくのが男の修行である。

山本五十六

海軍軍人（１８８４－１９４３）日本

１８８４年４月４日、新潟県長岡本町（現：長岡市）生まれ。海軍兵学校・海軍大卒。ハーヴァード大学でも学ぶ。駐在武官として渡米し、１９３７年、米内海相の次官になった。39年、連合艦隊司令長官となり、40年には海軍大将となる。太平洋戦争で真珠湾攻撃・ミッドウェー海戦などを指揮した。前線視察中の43年４月、南太平洋ブーゲンヴィル島上空で搭乗機が米軍機に撃墜され、戦死した。人心掌握の心得を示した「やってみせ言って聞かせてさせてみてほめてやらねば人は動かじ」の言葉を遺した。

Chapter 2

動

action

昨日を捨てよ。

ピーター・ドラッカー

経営学者（１９０９－２００５）アメリカ

１９０９年11月19日、ウィーンで生まれる。31年、フランクフルト大学で法学博士号を取得したが、33年ヒトラー政権成立によりロンドンに移住、経営評論家となった。37年渡米、学者兼経営コンサルタントとして活躍した。42年にはベニントン大学の哲学・政治学教授、50－71年ニューヨーク大学教授、１９７１－２００５年にクレアモント大学大学院教授を歴任、「経営学の父」として多くの用語・概念を生む。主著に『経済人の終り』『会社という概念』『新しい社会と新しい経営』『現代の経営』『イノベーションと起業家精神』『非営利組織の経営』など。

挫折を経験したことがない者は、
何も新しいことに挑戦したことがないということだ。

アルベルト・アインシュタイン

理論物理学者（1879―1955）ドイツ
1879年3月14日、電気会社経営者の長男としてウルム市で生まれる。1900年、チューリヒ工科大学卒業。02年に特許局技師となる。02―04年に「統計熱力学」を構築、05年「分子の大きさの新決定法」で学位を取得。同年に発表された『光量子仮説』『ブラウン運動の理論』『特殊相対性理論』の三大業績で物理学を一変させた。11年プラハ大学、12年にチューリヒ工科大学、14年ベルリン大学教授に就任。この間、『固体比熱の量子論』『一般相対性理論』『輻射の量子論』を発表。21年ノーベル物理学賞受賞。33年以後、アメリカのプリンストン高等研究所所員となる。第2次大戦後は世界政府樹立の提唱など平和運動に尽力した。

人はみな記憶力の乏しさを嘆く。
しかし、誰も判断力の乏しさを嘆かない。

ラ・ロシュフコー

モラリスト（１６１３－１６８０）フランス

１６１３年9月15日、名門貴族の嫡子としてパリに生まれる。最初は軍務に就くが、ルイ13世の妃アンヌ・ドートリッシュ一派の宰相リシュリューに反抗しようとする陰謀に加担し、旧貴族勢力の代表者の一人となる。49年、フロンドの乱ではのどに重い銃創を負った。53年に隠退生活に入る。62年、『回想録』を執筆するかたわら、当時社交界の流行であった格言を書きつづり、『箴言集』が生まれた。

一つひとつの行動を人生最後のもののごとく行え。

マルクス・アウレリウス・アントニヌス

ローマ帝国第16代皇帝（121－180）ローマ

161－180年、在位。121年4月26日、スペイン出の名門に生まれる。五賢帝の最後の一人。幼時にはマルクス・アンニウス・ウェルスと名のる。8歳で神官に、138年に皇帝アントニヌス・ピウスの養子になり、のちの元首位を約束された。145年、ファウスティナを妻とし、共治に等しい形でアントニヌス・ピウスの統治を助けた。幼時からギリシア語教育を受け、146年頃からは哲学を深く学び、ストア学派に傾倒していった。著書に『自省録』がある。

じっくり、よく考えろ。
しかし行動するときが来たら、考えるのはやめて、ひたすら進め。

ナポレオン・ボナパルト

フランス帝国皇帝（1769－1821）フランス

1804－1815年、在位。1769年8月15日、コルシカ人貴族の子として、コルシカ島で生まれる。砲兵士官となったが、山岳派支持の小冊子を発表して逮捕された。95年ヴァンデミエールの反乱を鎮圧し、イタリア遠征軍司令官に任命された。99年、第一執政となり軍事独裁への端緒を開いた。その後、イタリアやオーストリアを征服、王党派や共和派を弾圧して1804年に皇帝となった。ナポレオン法典の制定、教育制度の再建などを行った。しかし、スペイン侵略とモスクワ遠征に失敗、解放戦争に敗れて14年に退位、エルバ島に流された。翌年、ワーテルローの戦に敗れ、セント・ヘレナ島に流されて没した。

私は楽観主義者です。
しかし、レインコートをもつ楽観主義者です。

ハロルド・ウィルソン

政治家・イギリス首相（1916－1995）イギリス

1916年3月11日、ハダースフィールドに生まれる。37年、オックスフォード大学卒業。第2次大戦中に官界に入り、45年7月の選挙で労働党下院議員、47年に海外貿易相、47年に商相になる。51年に国防費増加に反対して辞任した。63年、ゲイツケルの死後、労働党党首に就任し、64年の選挙で首相の座についた。「科学革命時代の社会主義」を唱えたが、67年にはポンドの大幅切り下げを行い、70年の選挙では保守党に政権をゆずった。74年には再度首相になる。75年にヨーロッパ経済共同体残留を国民投票によって決定。翌年3月、60歳で引退した。

人生の最大の栄光は決して転ばないことにあるのではなく、
転ぶたびに起き上がり続けることである。

ネルソン・マンデラ

政治家・弁護士（1918－2013）南アフリカ共和国

1918年7月18日、クヌ村でテンブ人の首長の子として生まれた。フォートヘア大学で学ぶ。40年には、学生ストライキを主導したとして退学処分を受ける。その後、南アフリカ大学で学び、41年に学士号を取得し、ウィットワーテルスランド大学で法学を学び、学士号を取得した。44年にアフリカ民族会議（ANC）に入党。青年同盟を創設し、青年同盟執行委員に就任し、反アパルトヘイト運動に取り組む。52年に弁護士事務所を開業。61年、「民族の槍」司令官に就任。62年に逮捕される。国家反逆罪で終身刑となり、ロベン島に収監される。90年に釈放。91年、ANC議長に就任。93年、ノーベル平和賞を受賞。94年に大統領に就任し、復興開発計画などを実施した。99年に引退。その後、ユネスコ親善大使に就任した。

知識への投資は、常に最大の利益を生む。

ベンジャミン・フランクリン

政治家・科学者・著述家（1706－1790）アメリカ

1706年1月17日、ボストンで17人兄弟の10番目に生まれた。21年に新聞『ニューイングランド・クーラント』紙を創刊。31年、フィラデルフィア読書愛好会を設立し、49年にはフィラデルフィア・アカデミーの創設にも協力した。46－47年電気の研究を行い、49年に避雷針を考案した。51年には『電気に関する実験と観察』を刊行。54年オールバニ連合案を立案した。64－75年、イギリスに駐在し、65年には植民地人の立場を証言。75年帰国、76年、フランスとの同盟条約締結に成功した。83年にはイギリスと通商条約の締結に尽力。85－88年、ペンシルヴァニア議会の議長を務めた。権力の集中を嫌うその人柄は、「合衆国建国の父」の一人と讃えられる。著書に『自叙伝』がある。

やらなかったことの言い訳をするより、
仕事をしっかりとやり遂げていくほうが、より簡単なことである。

マーティン・ヴァン・ビューレン

第8代合衆国大統領（1782－1862）アメリカ

1837－1841年、在任。1782年12月5日、ニューヨーク州のキンダーフック村で、20人兄弟の3番目として生まれた。1803年、弁護士業を開業。12－20年にニューヨーク州上院議員、同州検事総長を歴任。21－28年連邦上院議員、29年にニューヨーク州知事となったが辞任し、国務長官、副大統領となった。36年、大統領に当選。37年の恐慌対策、対イギリス外交などに尽力したが、40年の大統領選挙で敗れた。48年には「自由土地党」を足場に大統領選挙に出馬するも落選し、以後生地に引退した。20年に『自叙伝』が出版された。

欠点のない者は、ほとんどみるべき長所もないというのが、
私の人生経験からわかったことである。

エイブラハム・リンカーン

第16代合衆国大統領（１８０９－１８６５）アメリカ

１８６１－１８６５年、在任。１８０９年2月12日、ケンタッキー州の農民の子として生まれる。商店の経営、測量士などの仕事をしながら、独学で法律を勉強する。36年、弁護士の資格を取得して開業。34－40年にイリノイ州議会議員となり、46年連邦下院議員に当選、一期を務めて引退。54年、共和党の結成に参加。58年「リンカーン＝ダグラス論争」で一躍有名となる。60年、共和党の大統領候補に指名され、当選。61年4月南北戦争が開始された。62年、奴隷解放予備宣言を公布、翌年１月1日に奴隷解放宣言を発布し、反乱状態にある南部諸州の奴隷解放を宣言。64年大統領選挙で再選。65年4月14日、フォード劇場で観劇中、ジョン・ウィルクス・ブースによって撃たれ、翌朝死亡した。

金がないから何もできないという人間は、
金があっても何もできない人間である。

小林一三

政治家・阪急東宝グループ創始者（１８７３－１９５７）日本
１８７３年1月3日、山梨県北巨摩郡韮崎町（現：韮崎市）に生まれる。
１月３日に生まれたことから一三と名づけられる。93年、三井銀行に入社。１９０７年、箕面有馬電鉄（現：阪急電鉄）創立に参加し専務となる。14年に宝塚少女歌劇、東宝映画などを創設し、27年に社長就任。阪急百貨店、東京電力など各社長のほか、40年には商工相も務め、「今様太閤」と言われた。敗戦後の45年には幣原内閣の国務相、復興院総裁に就く。46年に公職追放。51年に追放が解かれ、東宝社長に就任、コマ劇場を建設した。68年、野球殿堂入り。著書に『小林一三全集』がある。

人は自分のした失敗から学ぶ。
成功から学ぶことはほとんどない。

ハロルド・ジニーン

ＩＴＴ社長兼最高経営責任者（１９１０－１９９７）アメリカ

１９１０年1月22日、ボーンマスに生まれる。16歳からニューヨーク証券取引所のボーイとして働きながら、ニューヨーク大学で会計学を学ぶ。図書の訪問販売などを経て、アメリカン・キャン社、ベル・アンド・ハウエル社で会計責任者として勤めた。50年にジョーンズ・アンド・ロックリン・スチール社の副社長に就任し、56年にレイセオン社の副社長に就任。59年からはＩＴＴの社長に就任、約10年で２００社を買収することで、同社を単なる通信会社からコングロマリットへと変えた。収益は7億６０００万ドルから１７０億ドルとなった。77年に辞任。97年心臓発作で死去。

決断しないことは、しばしば間違った行動よりも悪い。

ヘンリー・フォード

フォード・モーター創業者（1863－1947）アメリカ

1863年7月30日、ミシガン州の農家に生まれる。16歳で機械工となる。87年エジソン電気会社の主任技師となり、96年には第1号車の製作にとりかかる。1903年にフォード・モーター社を設立。08年「フォードT型モデル」を開発した。24年には市場占有率が50％となる。30年代にはジェネラル・モータースに抜かれ、労働者から非難される。天才的だが独裁的な19世紀型の企業家最後の一人と言われた。45年に引退し、孫のヘンリー・フォード2世に譲った。

世の中のことは、すべて原因と結果の関係でできている。
だから原因を無視して結果だけを変えようとしても
不可能なのである。

渋沢栄一

実業家（１８４０－１９３１）日本
１８４０年2月13日、名主の長男として武蔵国榛沢郡血洗島村（現：埼玉県深谷市）に生まれる。22歳の時に尊王攘夷運動に参加した。その後、一橋家に仕え、幕臣となる。67年渡欧し、西洋の近代産業や財政制度を見聞する。維新後、大蔵省に入り、財政や金融制度などを立案した。73年に退官後、第一国立銀行のほか、王子製紙、大阪紡績など５００あまりの会社設立に関与した。著作に『徳川慶喜公伝』などがある。

この世に難関などない。
難関というものはあくまでも本人の主観の問題なのである。
難関だと思っている自分があるだけだ。

塚本幸一

ワコール創業者（1920－1998）日本

1920年9月17日、滋賀県五個荘町（現：東近江市）に生まれる。家業の繊維の卸商を手伝う。46年復員し、49年ブラジャーなどを扱う和江商事（現：ワコール）を創業、社長に就任する。64年ワコールと改称。一代で女性下着の国内トップメーカーに育てた。84年に会長兼社長となり、87年から会長に専任。この間、78年に京都服飾文化財団を設立。94年には平安遷都1200年事業など京都経済の発展にも尽力した。83－94年京都商工会議所会頭を務めた。

やってみなはれ。やらなわからしまへんで。

鳥井信治郎

サントリー創業者（1879－1962）日本

1879年1月30日、両替商の鳥井忠兵衛の次男として大阪に生まれる。90年に大阪商業学校に入学、92年小西儀助商店に入店し、99年独立。その後、鳥井商店を創業し、ワイン製造販売を開始した。1906年、寿屋洋酒店へと改名し、翌年「赤玉ポートワイン」を発売した。21年寿屋を設立。23年に竹鶴政孝を招き大阪府山崎でウイスキーの国産化事業に着手。29年日本初の国産ウイスキー「白札」を発売した。37年には「角瓶」を発売。第2次世界大戦後に「トリス」「オールド」を販売した。61年、会長に就任。55年藍綬褒章、62年勲三等旭日中綬章を受章した。

常に一歩前進することを心がけよ。停止は退歩を意味する。

野村徳七

野村財閥創設者（１８７８－１９４５）日本

１８７８年８月７日、大阪で小両替商、初代野村徳七の長男に生まれる。市立大阪商業学校（現：大阪市立大学）を中退。１９０４年に証券業を開始する。07年、２代目徳七を襲名する。日露戦争・第１次世界大戦の相場で成功し社業を拡大。17年に株式会社野村商店に改組した。翌年には大阪野村銀行、25年に野村証券、33年に野村信託、34年に野村生命を発足させ、野村合名を司令部として、金融財閥を目指した。航空機業、製鋼業などにも着手したが、敗戦を迎え、野村合名は解体された。28年から第２次世界大戦敗戦まで貴族院議員を務めた。著書に『蔦葛』がある。

新しいことをやれば、必ず、しくじる。腹が立つ。
だから寝る時間、食う時間を削って、何度も何度もやる。

本田宗一郎

本田技研工業創業者（１９０６－１９９１）日本

１９０６年11月17日、静岡県で生まれる。22年、高等小学校卒業。自動車修理工場に勤め、修理技術を修得する。28年に浜松市で自動車部品製造会社を設立し、48年には本田技研工業を創業した。自転車の補助エンジンから始めてオートバイ生産に着手、63年には四輪車製造に進出した。藤沢武夫の助言から59年よりオートバイの国際レース、64年よりＦ１レースに参加し、「ホンダ」の名を世界に広めた。「会社は一族のものではない」として、73年に社長職を退き、最高顧問となった。

トライアンドエラーをくり返すことが、「経験」と「蓄積」になる。
独自のノウハウはそうやってできていく。

井深　大

ソニー共同創業者（１９０８‐１９９７）日本

１９０８年4月11日、日光市で技術者、甫の長男として生まれる。早稲田大学在学中に「動くネオン」を開発し、パリ万国博覧会で優秀発明賞を受賞する。卒業後は写真化学研究所に入り、37年日本光音の無線部長、40年に日本測定機器の常務となる。熱線誘導兵器の開発中に盛田昭夫と出会い、46年に東京通信工業（現：ソニー）を設立。50年に同社社長、71年に会長、76年に名誉会長に就任する。テープレコーダ、トランジスタラジオの開発をはじめ、ウォークマン、ビデオテープレコーダなどを世に送り出した。89年に文化功労者となり、92年に文化勲章を受章した。

みんな、それぞれが、何か新しいことをやる、
それはすべて冒険だと、僕は思うんです。

植村直己

登山家・冒険家（1941－1984）日本

1941年2月12日、兵庫県に生まれる。明治大学農学部卒業。在学中は山岳部に所属した。大学時代に山と冒険の魅力にとりつかれる。66年にモンブランとキリマンジャロ山、68年にアコンカグア山に登頂し、70年に日本人として初めてエヴェレストとマッキンレー山の登頂を果たした。世界初の五大陸最高峰登頂を成し遂げた。78年、北極点単独初到達、グリーンランド初縦断。84年、南極大陸単独横断に備えてデナリ（マッキンレー）の冬季単独登頂に成功するが、その帰途行方不明となる。遺体は見つかっていない。没後、国民栄誉賞が贈られた。

私は失敗したことがない。
ただ、１万通りのうまく行かない方法を見つけただけだ。

トーマス・エジソン

発明家・起業家（１８４７－１９３１）アメリカ

１８４７年2月11日、オハイオ州に生まれる。年少の頃から正規教育を受けず、独学で学ぶ。63年電信技師となり、各地を放浪。68年に投票記録機で最初の特許を得たが、需要がまったくなく、不成功に終った。それ以後需要のあるものだけの発明に専心し、数々の発明品を世に送った。76年、メンロ―パークに応用科学研究所を創設。１０００件をこす発明を達成し、企業化に努力した。「蓄音機」「白熱電球」「活動写真」などの発明は人々の生活を一変させた。82年、世界初の中央発電所を設立、直流による電灯事業を起こした。

如才のなさとは敵を作らずに自分を主張することである。

アイザック・ニュートン

数学者・物理学者・天文学者（1642－1727）イギリス

1642年12月25日、リンカンシャー州ウールズソープで未熟児として生まれた。61年、ケンブリッジ大学のトリニティ・カレッジに入学。65年卒業。同年、「微分法」や「万有引力」を発見し、流率法の概念を確立させた。68年、反射望遠鏡を製作、88年国会議員になる。1717年、1ギニー金貨を銀21シリングと同価値とするようイギリス政府に助言する。27年、死去。

忍耐は苦い。しかし、その実は甘い。

野口英世

医学者・細菌学者（１８７６－１９２８）日本
１８７６年11月９日、福島県に生まれる。幼少期に左手に火傷を負う。97年、医術開業試験に合格。北里柴三郎の伝染病研究所の助手や横浜長浜検疫所を経て、１９００年にペンシルヴァニア大学のフレクスナーの助手になり、ヘビ毒を研究する。04年にロックフェラー医学研究所に移籍。11年、梅毒病原体スピロヘータの純粋培養に成功し、ノーベル賞候補にあがる。18年に黄熱病病原体を発見したと発表し、証明するために28年、西アフリカのアクラに出張し、現地で黄熱病にかかって死去。当時科学のため、人類のために殉職したとして世界的に報じられた。

すべて学び、そして忘れろ。

マイルス・デイヴィス

ジャズトランペット奏者（１９２６-１９９１）アメリカ

１９２６年5月26日、イリノイ州オールトンで生まれる。ジュリアード音楽学校で学び、45年にチャーリー・パーカー五重奏団でデビューした。49年に録音した『クールの誕生』は、ジャズ界に大きな影響を与えた。59年の『カインド・オヴ・ブルー』、69年の『ビッチェズ・ブリュー』など、常にジャズ界をリードし「モダン・ジャズの帝王」と呼ばれる。健康を害し、70年代後半から音楽活動を休止していたが、80年に復帰した。新アルバムの制作を開始した直後の91年9月28日、肺炎のため、サンタモニカで死去。

考えは豊かに、見た目は貧しく。

アンディ・ウォーホル

画家・版画家（1928－1987）アメリカ

1928年8月6日、ピッツバーグで生まれる。カーネギー工科大学へ進学し、広告芸術を学び、49年に卒業。50年代、商業デザイナーとして活躍し、60年代初めに漫画、俳優などのイメージをシルクスクリーンの技法でくり返す反絵画で製作し、ポップ・アートの旗手となった。63年に映画製作や月刊誌『Interview』を発刊した。自著に『アンディ・ウォーホルの哲学』などがある。94年には個人の美術館としては世界最大規模のアンディ・ウォーホル美術館がピッツバーグに開館した。

もうあと5年長生きできたら、
本当の画工になることができたものを。

葛飾北斎

浮世絵師（1760－1849）日本

1760年、江戸・本所割下水（現：墨田区亀沢付近）に生まれる。幼名は時太郎、10歳のときに鉄蔵と改名した。14－15歳頃、木版彫刻師の徒弟となり、78年勝川春章に師事した。翌年、勝川春朗と称する。生涯に3万枚以上の作品を描いた。改名癖があり、二十数回も改号し、その都度、画風も異なる。98年に北斎と号し、風景版画を発表した。『富嶽三十六景』が評判となり、浮世絵における風景版画創始者の地位を確立。マネ、モネら印象派の画家に大きな影響を与えた。その後『北斎漫画』を続刊した。その他の作品は『東都名所一覧』『隅田川両岸一覧』『近江八景』『諸国滝廻り』『千絵の海』『二美人図』などがある。

自分が何かをやることさえ確かだったら、
少しぐらい待っても何でもない。

オーギュスト・ロダン

彫刻家（1840－1917）フランス

1840年11月12日、警視庁の職員を父としてパリに生まれる。55－57年、装飾美術学校に学び、エコール・デ・ボザールに3度入学を試みて失敗。62年、姉の死を悲しみ美術を捨てて修道院に入ったが、院長にすすめられて翌年還俗。64年『鼻のつぶれた男』をサロンに出品するも落選。71年にカリエ・ベルーズの助手となり、師とともに建築装飾に従事した。77年『青銅時代』を発表。しかし、パリのサロンでも落選し、3年後改めてサロンに入選した。80年より『地獄の門』に着手したが、未完に終った。現存する作品は『考える人』『接吻』など。その他には『カレーの市民』『バルザック像』などがある。

焦ることは何の役にも立たない。
後悔はなおさら役に立たない。
焦りは過ちを増し、後悔は新しい後悔をつくる。

ゲーテ

詩人・小説家・劇作家（1749-1832）ドイツ

1749年8月28日、フランクフルトの富裕な家に生まれる。65-68年、ライプツィヒ大学で法律を学ぶが、文学研究を希望しており、法学の勉強に身が入らなかった。67年『恋人のむら気』、68-69年『同罪者』によって早くも創作の才を示す。その後、病魔に襲われ、大学を退学する。70年にシュトラースブルク大学入学、翌年、法学得業士の称号を得る。『愛と別れ』『五月の歌』などで近代ドイツ叙情詩の開始を告げた。その後、『鉄手のゲッツ・フォン・ベルリヒンゲン』『若きウェルテルの悩み』で一躍有名となった。その他に『ウィルヘルム・マイスター』『詩と真実』などの作品がある。

撃っていいのは撃たれる覚悟のある奴だけだ。

レイモンド・チャンドラー

小説家・脚本家（1888－1959）アメリカ

1888年7月23日、シカゴに生まれる。ロンドン郊外に移住するも1907年に帰国、イギリス国籍を取得し、ジャーナリストとなる。第1次世界大戦中は軍隊に服役し、戦後は石油会社に勤める。その後、大衆向け雑誌などに小説を発表する。33年『脅迫者は撃たない』でデビューした。39年に『大いなる眠り』を発表し、人気を博す。『さらば愛しき女よ』『高い窓』など、ハードボイルドの代表的作家の地位を築いた。生涯に7作の長編と24作の中短編を残した。40年代には脚本家として創作を始め、43年に『深夜の告白』を公開し、アカデミー賞にノミネートされる。46年『ブルー・ダリア』で、2度目のオスカー候補作品となった。54年に妻が死去してから抑うつ状態となり、アルコール中毒などの問題を抱え、59年にラホヤにて死去した。

いいじゃないか、5年道草をくったら、
5年遅く生まれて来たと思うのだ。

吉川英治

小説家（1892－1962）日本

1892年8月11日、神奈川県に生まれる。本名は英次。父は早くから複数の事業に手を染めるがいずれも失敗し、訴訟事件で敗れたこともあって、家は傾いた。山内尋常高等小学校を中退し、職業を転々としつつ、独学した。1925年『剣難女難』で認められ、『鳴門秘帖』で作家としての地位を確立した。以降、『宮本武蔵』『新・平家物語』『私本太平記』などで、国民文学の第一人者となった。他に『かんかん虫は唄ふ』『松のや露八』などがある。60年に文化勲章を受章した。

チャンスが二度も扉をたたくと思うな。

シャンフォール

劇作家・思想家（1741−1794）フランス

1741年4月6日、フランス中部クレルモンフェラン近郊で平民の私生子として生まれる。グラサン学院を出て、76年『ムスターファとゼアンジール』で名声を博し成功を収める。その後も小説や格言など多分野で創作、その才気と美貌によってサロンや宮廷でももてはやされた。フランス革命期にはミラボーとともに活躍したが、革命の進展とともに市民の支持を失い、逮捕されピストル自殺をはかった。その傷がもとで死亡。死後『箴言と省察』『性格と逸話』が友人の手で出版された。

Chapter 3

生

life

すべての人の心は、他人に良いことをすることで
喜びに満たされるものである。

トーマス・ジェファーソン

第3代合衆国大統領（1743－1826）アメリカ

1801－1809年、在任。1743年4月13日、ヴァージニア植民地の大農園主の家に生まれる。57年、父の死により遺産を相続する。生涯を通じて1200ha余りの土地と約150人の奴隷を所有した。62年、ウィリアム・アンド・メアリー大学を卒業し、67年に弁護士となる。69－74年、ヴァージニア植民地議会議員。独立運動の指導者となる。その後、独立宣言起草委員に指名され、独立宣言草案を執筆する。90－93年には初代国務長官を歴任した。リパブリカンズの代表的存在となり、政党誕生の礎を作った。97年副大統領となり、01年に第3代大統領に就任。第2期の大統領任期終了とともに引退。主著には『ヴァージニア覚書』がある。

私は声をあげて称賛し、声を和らげてとがめる。

エカチェリーナ2世

第8代ロシア帝国皇帝（1729―1796）ロシア

1762―1796年、在位。1729年、ドイツの貴族アンハルト＝ツェルプスト家にソフィヤ・アウグスタ・フレデリカとして生まれる。45年、ピョートル3世の皇后となり、62年に近衛連隊のクーデターによって即位した。34年間にわたって「啓蒙専制君主」として君臨、農奴制を強化し、「貴族帝国」を完成させて「大帝」の称号を献じられた。

苦しみを味わうことがない人間は、
人間愛から生まれる感動も快い同情の喜びも知ることはあるまい。

ジャン＝ジャック・ルソー

思想家・哲学者・作家（1712－1778）フランス
1712年6月28日、ジュネーヴで生まれる。貧困の中で徒弟時代を過ごし、旧体制下のフランス、イタリアを放浪した。42年、『百科全書』に寄稿し、50年には『学問芸術論』がアカデミー懸賞論文に当選、文名を高めた。55年に『人間不平等起源論』を、62年には『社会契約論』などを発表。さらに『新エロイーズ』『エミール』『告白録』を執筆した。

友情は、この世で最も説明しづらいものだ。
それは学校で教えてくれるものじゃない。
でもその意味を知らなければ、実際何ひとつ知らないのと同じだ。

モハメド・アリ

プロボクサー・社会運動家（1942-2016）アメリカ

1942年1月17日、ケンタッキー州で生まれ育ち、自転車を盗まれたことをきっかけに12歳のときにボクシングを始める。60年、ローマ・オリンピック競技大会のライトヘビー級で金メダルを獲得し、プロに転向。64年に世界ヘビー級チャンピオンとなった。その後、ネーション・オブ・イスラムの信徒であることを公表、ムスリム名に改名。67年には徴兵を拒否したことで9回防衛したタイトルを剥奪され、有罪の判決が下されるも、4年後に無罪となる。74年にタイトルを奪回し（キンシャサの奇跡）、78年まで通算19回防衛。同年、史上初2度の王座返り咲きを果たした。79年引退。翌年復帰するも失敗し、81年に再び引退。「チョウのように舞い、ハチのように刺す」という言葉が有名。引退後パーキンソン症候群を患い、長年闘病した。通算成績は61戦56勝（37KO）5敗。

思考は言葉となり、言葉は行動となり、
行動は習慣となり、習慣は人格となり、人格は運命となる。

マーガレット・サッチャー

イギリス首相（1925－2013）イギリス

1979－1990年、在任。1925年10月13日、食料雑貨店を営む両親の次女として生まれた。オックスフォード大学卒業後、化学研究員として働きながら、弁護士資格を取得する。59年、下院議員になる。61－64年に年金・国民保険省政務次官、70－74年、教育・科学大臣を経て、75年2月に初の女性党首に就任し、79年5月、同国初の女性首相となる。英国病克服に努めるも、89年以降の景気後退に直面し、党内からも強権支配への批判が高まり、90年11月に辞任した。その保守的で強固な意志に基づく指導力を評して「鉄の女」と呼ばれた。

変化は人生の法則だ。
過去または現在しか見ない人は確実に未来を見失う。

ジョン・F・ケネディ

第35代合衆国大統領（１９１７－１９６３）アメリカ

１９１７年5月29日、ブルックリンで四男五女の次男として生まれる。スタンフォード大学大学院在学中、太平洋戦争が勃発し、41年に海軍入隊。45年除隊。通信記者を経て、46年に民主党下院議員に当選し、52年上院議員になる。56年に民主党大会で副大統領候補に立候補するも敗れる。60年、大統領選挙で当選した。翌年、第35代合衆国大統領に就任。ピッグス湾事件、キューバ危機、ベルリンの壁建設、公民権運動など歴史的事件が発生する。在任中の63年、テキサス州で暗殺された。著書に『Profiles in Courage』などがある。

この人生は生きる価値があると言えるだろう。
なぜなら、人生は自分で作るものであるからだ。

ウィリアム・ジェームズ

哲学者・心理学者（１８４２−１９１０）アメリカ

１８４２年１月11日、ニューヨークで生まれる。７歳から３年間、小学校に通って以降、大学までは学校教育を受けていない。最初は画家を志しパリで学んだが、61年ハーヴァード大学に入学して化学、生物学を学び、64年に医学部入学。健康を害し、学業を中断した。67年、ドイツで神経生理学を学ぶ。69年に帰国後、ハーヴァード大学で医学博士号を取得したが、自宅で療養しながら執筆活動をした。73年からハーヴァード大学で教鞭をとり、85年に哲学教授、89年に心理学教授、97年に再び哲学教授を歴任した。主著に『宗教的経験の諸相』などがある。小説家のヘンリー・ジェームズは実弟。

自分の知能を誇りに思う知性派の人間は、
自分の大きな独房に誇りをもっている死刑囚のようなものです。

シモーヌ・ヴェイユ

哲学者・思想家（1909-1943）フランス
1909年2月3日、パリ生まれ。エコール・ノルマル・シュペリウール卒。数学者アンドレ・ヴェイユの妹。哲学者アランに学び、学生時代から労働運動や社会活動に参加する。卒業後は各地の女子高校の哲学教師となる。34年に1年間休職し、工場労働者の生活を経験する。36年のスペイン内戦時、人民戦線派義勇軍に参加する。42年にアメリカへ亡命。その後、自由フランス政府で働くが肺結核が悪化。また戦時下に苦しむ人々を思い殆ど食事を摂らず、衰弱死に至る。死後、残された膨大なノート類をまとめ出版されるにつれ、その評価は高まった。著書に『超自然的認識』『ギリシアの源泉』『圧迫と自由』などがある。

ある君主の賢明さを評価するに際して一番の方法は、
その人物がどのような人間を周りに置いているかを見ることである。

ニッコロ・マキャヴェッリ

政治家・思想家（１４６９－１５２７）イタリア

１４６９年5月3日、フィレンツェで3人目の子として生まれた。98年、第２書記局長に選出される。「自由と平和のための十人委員会」秘書官、統領秘書官を兼任する。１５００年に外交使節となり、諸外国国王やローマ教皇らとの外交交渉を行った。12年、メディチ家政権が復活し、郊外追放される。以降、著作生活に入り、『君主論』を書き上げる。20－25年、ジュリオ・デ・メディチ（後の教皇クレメンス7世）の依頼で『フィレンツェ史』を執筆する。

人の本当の価値というのはその人自身から見出すことはできない。
それは周囲の人々の表情や雰囲気の中に
ありありと浮かびあがってくるものだ。

アルベルト・シュヴァイツァー

哲学者・神学者・医師（１８７５－１９６５）ドイツ

１８７５年1月14日、カイザースベルクで牧師の子として生まれる。７歳からピアノを、14歳からパイプオルガンを習う。ストラスブール大学で神学と哲学を学び、99年には哲学博士を取得する。１９０３年にストラスブール大学講師となる。パイプオルガン演奏とバッハ研究で第一人者となる。05年には医学を学び、13年にパリ福音伝道会派遣の医師として、アフリカのガボンに赴き、熱帯病病院を建設した。26年に病院を再開し、医療事業を拡張した。52年には医療奉仕活動が評価され、ノーベル平和賞を受賞する。20世紀を代表するヒューマニスト。著書に『水と原生林のあいだに』『文化の頽廃と再建』『文化と倫理』がある。

この世で一番大切なことは、
どうしたら自分が自分のものになりきれるかを知ることだ。

ミシェル・ド・モンテーニュ

思想家・哲学者（1533－1592）フランス

1533年2月28日、モンテーニュの城館で生まれる。ラテン語を母語として育てられ、6歳でボルドーのギュイエンヌ学院へ送られる。46－50年に法学を学ぶ。57年にボルドー高等法院参議となり、ラ・ボエシーと親交を結んだ。70年に辞職し、翌年帰郷した。72年、『エセー』を執筆開始する。81－85年にボルドー市長を務めた。その後、88年、パリに出たほかは故郷で著述に専念した。「われ何を知る」を座右銘とし、人間性への深い洞察によってフランスのモラリストの始祖となり、新しい文学形式エッセーを創始した。ルネサンス期のフランスを代表する哲学者。

死ぬべきときを知らない者は、生き方を知らない。

ジョン・ラスキン

美術評論家・思想家（1819－1900）イギリス

1819年2月8日、ロンドンでワイン商人の子として生まれる。幼少期から父に同行し、国内やヨーロッパ旅行で、風景美に目を開かれた。オックスフォード大学在学中に絵画を修業、40－42年学業を中断してイタリア旅行へ。43年、『近代画家論』第1巻を著述する。その後、イタリアで絵画や建築を研究し、『建築の七燈』を完成させた。『ヴェネツィアの石』を出版後、60年に『近代画家論』の第5巻を著した。69年、オックスフォード大学美術史教授に就任。『過ぎしことども』は彼の死により未完に終った。

一生の間に自分の秘めた力を使い果たす人など、ほとんどいない。
使われたことのない力がまだたくさん眠っている。

リチャード・イヴリン・バード

探検家・海軍少将（１８８８－１９５７）アメリカ

１８８８年10月25日、ヴァージニア州ウィンチェスターで生まれる。１９２６年に航空機による初の北極点到達を成し遂げる。ノルウェー（キングスベイ）から北極点までを15時間で往復した。27年には大西洋横断飛行に挑戦するが、成功したのはチャールズ・リンドバーグの1カ月以上あとだった。29年11月28日から29日にかけて、南極大陸のリトル・アメリカ基地から南極点までの往復と初の南極点上空飛行に成功し、国民的英雄となった。その後、46－47年のアメリカ海軍の大規模南極観測プロジェクト「ハイジャンプ作戦」、39－50年まで5度にわたるアメリカ海軍の南極調査の指揮をとった。

いばる男の人って、要するにまだ一流でないってことなのよ。

オードリー・ヘプバーン

女優（1929－1993）イギリス

1929年5月4日、ベルギーのブリュッセルで生まれる。5－10歳までロンドンの私立寄宿舎学校で過ごし、戦時中はオランダに移住、戦後はモデルで生計を立てながら単身ロンドンに渡り、マリー・ランバート・バレエ学校で学ぶ。イギリスで数本の映画に出演したあとに、51年『ジジ』で主役を演じ、53年には『ローマの休日』でアカデミー主演女優賞を獲得した。その後も『ティファニーで朝食を』『マイ・フェア・レディ』などに出演した。ゴールデングローブ賞や英国アカデミー賞、トニー賞を受賞している。死後、グラミー賞とエミー賞も受賞している。また、国際連合児童基金の仕事にも従事し、ユニセフ親善大使として援助活動に献身した。92年、大統領自由勲章を授与後、93年に虫垂がんのために63歳で死去した。

人生はクローズアップで見れば悲劇だが、
ロングショットで見れば喜劇だ。

チャールズ・チャップリン

映画俳優・監督・製作者（1889－1977）イギリス

1889年4月16日、寄席芸人歌手の両親のもとにロンドンに生まれる。早くから舞台に立ち、17歳の時、フレッド・カーノ劇団に参加する。1910年と12年の2回の渡米巡演でマック・セネット監督に見出され、14年の『成功争い』に出演した。その後、『犬の生活』『キッド』『黄金狂時代』などを発表し名声を得る。『チャップリンの独裁者』『チャップリンの殺人狂時代』『ライムライト』などを製作、喜劇王と呼ばれた。しかし『ライムライト』以降の作風が容共的とされ、ハリウッドを追放されスイスに定住。72年、アカデミー賞特別賞を受けた。著書には『自伝』がある。

自分自身が無知であることを知っている人間は、
自分自身が無知であることを知らない人間より賢い。

ソクラテス

哲学者（紀元前469年－前399年）古代ギリシア

紀元前469年、彫刻家の父と助産師の母のもとにアテナイで生まれる。青年期には自然科学に興味を持ったとの説もあるが、晩年は倫理や徳を追求する哲学者としての生活に専念。著作は残さなかったが、弟子プラトンの著述にソクラテスの言動が表れている。「汝自身を知れ」という思考からロゴスによって吟味することを試み、エイロネイアと産婆術が有名な方法。70歳の時に告訴され、死刑宣告を受け、毒杯を仰いで死去した。

あなたが出会う最悪の敵は、いつもあなた自身であるだろう。

フリードリヒ・ニーチェ

哲学者（１８４４－１９００）ドイツ

１８４４年10月15日、ライプツィヒ近郊のレッツェン・バイ・リュッケンで生まれた。24歳でバーゼル大学の古典文献学員外教授に就任した。72年『悲劇の誕生』を皮切りに、『人間的な、あまりにも人間的な』『道徳の系譜』をはじめ、多数の著作を執筆した。89年に精神科病院に入院したあと、母や妹に看護された。１９００年8月25日に死去。ギリシャ哲学やキリスト教から続く西欧の人間観を否定するニーチェ哲学は、20世紀を代表する哲学者に大きな影響を与えた。「神は死んだ」と宣言したことでも有名。

無知を恐れてはいけない。偽りの知識を恐れよ。

ブレーズ・パスカル

数学者・物理学者・思想家（１６２３－１６６２）フランス

１６２３年６月19日、クレルモン（現：クレルモン・フェラン）に生まれる。16歳で『円錐曲線論』を著し、パスカルの原理を明らかにした早熟の天才。また、簡単な計算機の作製、トリチェリの真空についての実験などを行った。また「繊細の精神」思想を主張。54年にはポール・ロアイヤル修道院の客員となり、ジャンセニスムの代表的神学者として信仰を弁護。人間分析と宗教思想は、現代実存主義をはじめフランスの文芸・思想に大きな影響を与えた。著書に『パンセ』『プロヴァンシャル』などがある。

愚か者は、まじめさを盾にする。

シャルル・ド・モンテスキュー

思想家・法学者・歴史家（１６８９－１７５５）フランス

１６８９年1月18日、ボルドー近郊のラ・ブレードの城に生まれる。７歳のとき、母が逝去し、遺産を継承、ラ・ブレード男爵となる。ボルドー大学法学部卒業後、１７０９年からパリに遊学。13年末、父の訃報により帰郷し翌年、25歳でボルドー高等法院の参事官となる。16年、伯父の死により、モンテスキュー男爵の爵位とボルドー高等法院副院長の官職を継承する。21年には匿名で発表した『ペルシア人の手紙』で一躍脚光をあびる。以後、官職を辞し研究生活に入る。28年、アカデミー・フランセーズ入りを果たす。34年『ローマ人盛衰原因論』、48年『法の精神』（三権分立論提唱）も匿名で発刊した。晩年は、視力の減退に悩まされ、『趣味論』の執筆に取り組んだが、未完成のまま、パリで逝去した。

死は人生の終末ではない。生涯の完成である。

マルティン・ルター

神学者（１４８３－１５４６）ドイツ

１４８３年11月10日、アイスレーベンに生まれる。エルフルト大学で法学を学び、アウグスティヌス会士となる。１５０７年に司祭、12年にヴィッテンベルク大学神学教授就任。17年『九十五ヵ条提題』を発表し、宗教改革の口火となった。21年にはヴォルムス国会で追放刑を宣告されるも、ヴァルトブルク城に逃れて新約聖書のドイツ語訳『ルター訳聖書』に従事した。ローマ教会から分離してプロテスタントが生まれた宗教改革の先駆けとなった。著作に『キリスト者の自由』『奴隷的意志について』など、多くの聖書講解がある。

人は私の作品について論議し、
まるで理解する必要があるかのように理解したふりをする。
私の作品はただ愛するだけでよいのに。

クロード・モネ

画家（１８４０－１９２６）フランス

１８４０年11月14日、パリに生まれる。５歳のとき、両親とともにサンタドレスに移住。幼少年時、ブーダンに風景画の手ほどきを受けた。59－60年、パリのアカデミー・スイスでピサロとともに学ぶ。60－62年にはアルジェリアで兵役を終えたあと、パリに戻り、ルノアール、シスレーらとフォンテンブローの森に住居を構えた。普仏戦争当時はロンドンに逃れ、71－72年オランダに滞在した。74年、展覧会に『印象・日の出』など９点の作品を出品し、印象派形成の中心となる。83年以降ジヴェルニーに隠棲する。１９２２年、白内障の手術を受ける。主要作品に『積みわら』『ポプラ』『ルーアンの大聖堂』および『睡蓮』の連作、『テムズ河畔』がある。

鉄も使わないと錆びる。怠惰もまた、心の活力を奪ってしまう。

レオナルド・ダ・ヴィンチ

芸術家（1452－1519）イタリア

1452年4月15日、フィレンツェ郊外のヴィンチ村に生まれる。66年、アンドレア・デル・ヴェロッキオに師事し、『受胎告知』などを描く。72年に画家組合に登録。82年からミラノの宮廷で画家、彫刻家、建築家、兵器の技術者として活躍した。99年、フランス軍のミラノ占領により居を移し、マントヴァなどに滞在したが、1506年に再びミラノに戻り、科学的研究や運河の構築計画などを試みた。16年、フランス王フランソア1世の招きでクルー城に赴き、同地で死去した。ルネサンス期を代表する芸術家であり、万能の人。作品に『最後の晩餐』『モナ・リザ』などがある。

何も後悔することがなければ、
人生はとても空虚なものになるだろう。

フィンセント・ファン・ゴッホ

画家（1853－1890）オランダ

1853年3月30日、ブラバントの小村ズンデルトで牧師の家に生まれた。画商の店員を経て伝道師となったが、80年に画家となる決心をし、弟のテオの援助のもとエッテン、ハーグなど各地を転々としながら『馬鈴薯を食べる人々』など農民の生活に取材した作品を描いた。86年、パリでカミーユ・ピサロなど印象派の画家たちと知り合う。88年に『ひまわり』『アルルのはね橋』『夜のカフェテラス』などの代表作を描いた。その後、サン・レミーの療養所に移住し、『星月夜』などを描く。90年7月27日、ピストル自殺をはかり2日後に死去した。ポスト印象派を代表する画家であり、20世紀美術に多大な影響を及ぼした。

苦悩を突き抜ければ、歓喜に至る。

ルートヴィヒ・ヴァン・ベートーヴェン

作曲家・ピアニスト（１７７０－１８２７）ドイツ

１７７０年12月16日頃、ボンで声楽家の長男として生まれる。82年からクリスティアン・ゴットロープ・ネーフェに師事した。87年、モーツァルトを訪問したが、母の危篤の報を受けてボンに戻り、母はまもなく死没した。92年7月、ハイドンに弟子入りを許され、ピアノの即興演奏の名手として広く名声を博す。20代後半頃より持病の難聴が悪化、28歳頃には最高度難聴者となる。１８０２年『ハイリゲンシュタットの遺書』をしたためて自殺も考えた。04年に交響曲第3番を発表。40歳頃には全聾となるも交響曲第9番やピアノ・ソナタや弦楽四重奏曲などの作品を発表した。26年、病に伏す。翌年には遺書を認め、病床の中で10番目の交響曲に着手するも、未完成のまま同年3月26日、肝硬変のため死去。葬儀には2万人が参列し、シューベルトも参列した。

人は決していつも幸せではない。
幸せは大抵ほんの僅かな間だけもたらされる。
この貴重な幸せをしっかり堪能しようではないか。

フレデリック・ショパン

作曲家・ピアニスト（１８１０－１８４９）ポーランド

１８１０年3月1日、ワルシャワ近郊で生まれる。８歳で公開演奏会を開く。ピアノ、作曲ともにほとんど独学で修得した。26－29年、ワルシャワ音楽院で学び、30年『ピアノ協奏曲第1番』『同第2番』を発表。同年、「十一月蜂起」がワルシャワで勃発。帰国を断念し、31年パリに赴き、以後再び故国の土を踏むことはなかった。パリでは『12の練習曲』２集などを発表した。49年、結核によりパリで死去。作品は『チェロ・ソナタ』、３曲のソナタ、『ワルツ』などピアノ曲が多く、ピアノ音楽の新たな面を開いた。なお、その名を冠した「ショパン国際ピアノ・コンクール」は、ピアノ奏者の登竜門として世界有数の権威を誇る。

僕らの社会は、ばかげた目的のために、
あきれた人々によって動かされている。

ジョン・レノン

ロック歌手（1940-1980）イギリス

1940年10月9日、リヴァプールに生まれる。伯母から贈られたギターでバンド活動を始める。57年、ポール・マッカートニーと出会う。60年、ビートルズを結成。一躍、世界的な人気を得る。66年11月、ロンドンの画廊でオノ・ヨーコを知る。68年、妻シンシアと離婚、翌年ヨーコと結婚する。同年、「ベッド・イン」パフォーマンスで世界平和を呼びかける。76年、アメリカの永住権を獲得。80年、ダコタハウス前で狂信的なファンに射殺される。『ダブル・ファンタジー』が生前最後のアルバムとなった。

あちこち旅をしてまわっても、自分から逃げることはできない。

アーネスト・ヘミングウェイ

小説家（１８９９－１９６１）アメリカ

１８９９年7月21日、シカゴ近郊のオーク・パークで医者の家に生まれる。高校時代はフットボール選手として活躍。卒業後、新聞「カンザス・シティー・スター」の記者となる。第１次大戦に赤十字要員として従軍し、負傷。戦後、トロントで新聞記者となり、１９２１年特派員としてパリに赴任し、作家活動を開始し、28年に帰国。『日はまた昇る』『武器よさらば』を著し「ロスト・ジェネレーション」の代弁者となる。『誰がために鐘は鳴る』『老人と海』などを出版し、ピュリッツァー賞やノーベル文学賞を受賞した。61年、猟銃で自殺。

人生は一箱のマッチに似ている。
重大に扱うのはばかばかしい。
重大に扱わねば危険である。

芥川龍之介

小説家（1892-1927）日本

1892年3月1日、東京・京橋入船町に生まれる。第一高等学校を卒業、1916年に東京大学英文科卒業。東大在学中、雑誌『新思潮』に発表した『鼻』がその師、夏目漱石に激賞され、『羅生門』で不動の地位を築き、新技巧派の代表作家として知られた。鋭い神経と強い自意識の作家で、晩年は転換期にさしかかった時代の動向に反応して虚無的心情を深め、また健康上の衰えもあり、強度の神経衰弱に陥って睡眠薬自殺をとげた。代表作は『羅生門』『地獄変』『河童』『歯車』などがある。

話す言葉によって、その人の価値は決まる。

ジョージ・バーナード・ショー

劇作家・評論家（1856－1950）イギリス

1856年7月26日、ダブリンで生まれる。筆名はコルノ・ディ・バセット。84年に設立されたフェビアン協会の一員となり社会主義者として活動。94年から『土曜評論』の劇作家として活躍しはじめ、商業演劇に挑戦する社会問題の提起者として登場し、91年『イプセン主義真髄』を執筆した。独立劇場では92年に『男やもめの家』などを発表した。翌年、売春問題を扱った『ウォーレン婦人の職業』、1923年に『聖女ジョーン』などを発表し、12年には映画『マイ・フェア・レディー』の原作『ピグマリオン』がある。25年にノーベル文学賞を受賞した。

人生の悲劇は、人は変わらないということです。

アガサ・クリスティ

推理小説家（1890－1976）イギリス

1890年9月15日、南西イングランドのトーケイに生まれる。学校教育はほとんど受けていない。1914年、空軍大佐アーチボルド・クリスティと結婚し、第1次世界大戦中には篤志看護師としてトーケイの病院で働く。28年離婚、30年に考古学者マックス・マロウアンと再婚したが、作品は死ぬまでアガサ・クリスティの名で書く。著作に『スタイルズ荘の怪事件』『アクロイド殺害事件』『そして誰もいなくなった』『オリエント急行の殺人』などがあり、「ミステリーの女王」と呼ばれた。

沈まない太陽はない。

マヤ・アンジェロウ

詩人・作家・女優（１９２８－２０１４）アメリカ

１９２８年４月４日、セントルイスに生まれる。幼少時代の大半をアーカンソー州の田舎町で過ごす。50年代後半からニューヨーク市に居を移し、文才に目ざめる一方、『ポーギーとベス』に出演、欧州行脚した。61年からカイロに暮らし、英文時事雑誌社に勤務する。帰米後に脚本を執筆し、女優としても活動した。93年、ビル・クリントン大統領の就任式で自作の詩を朗読した。２０１１年大統領自由勲章を受章。ベストセラーとなった『歌え、翔べない鳥たちよ』は全米図書賞候補となった。

ひとつの顔は神が与えてくださった。
もうひとつの顔は自分で造るのだ。

ウィリアム・シェイクスピア

詩人・劇作家（１５６４－１６１６）イギリス

１５６４年４月23日、商人の長男としてイングランド中部のストラトフォード・アポン・エーヴォンで生まれる。父が没落し、高等教育は受けなかった。82年にアン・ハサウェーと結婚。92年には新進の劇作家兼俳優として名をあげ、のちにはグローヴ座の株仲間にもなった。『ヘンリー６世』『リチャード３世』『じゃじゃ馬ならし』が初期の作品。その後、『ロミオとジュリエット』『ヴェニスの商人』『十二夜』などを書く。１６００年前後から、『ハムレット』『リア王』などを書く一方で、『終りよければすべてよし』『尺には尺を』などを発表した。その後、故郷に隠退し、平和で平凡な余生を終えた。

人生は楽ではない。そこが面白い。

武者小路実篤

小説家・画家（１８８５－１９７６）日本

１８８５年５月12日、武者小路実世の四男として生まれる。東大哲学科社会学専修中退。青年時代トルストイに心酔する。１９１０年、志賀直哉らと雑誌『白樺』を創刊、『お目出たき人』『わしも知らない』などを書いた。『彼が三十の時』以降、『その妹』を書き、18年に農業協同集落「新しき村」を創設。その当時の作品には『幸福者』『友情』『或る男』『人間万歳』『愛慾』がある。51年には文化勲章を受章した。

汝の心に教えよ、心に学ぶな。

レフ・トルストイ

小説家（１８２８−１９１０）ロシア

１８２８年９月９日、モスクワから２００㎞ほど南のヤースナヤ・ポリャーナで伯爵家の四男に生まれる。幼くして両親を失った。47年、カザン大学中退。故郷に帰り、農民の生活改革を試みたが失敗。51年、カフカースで軍務についていた兄のもとに行き、美しい自然のなかで文学に開眼し、『幼年時代』『少年時代』『青年時代』で新進作家としての地位を確立した。62年結婚、『戦争と平和』『アンナ・カレーニナ』を完成させた。その後、『懺悔』『イワンのばか』を書き、「トルストイ主義」という思想活動を行った。『イワン・イリイッチの死』『クロイツェル・ソナタ』などを書いたが、１９１０年家出、アスターポヴォ（現：レフ・トルストイ駅）の駅長官舎で没した。

生きる意味や価値を考え始めると、
我々は気がおかしくなってしまう。
生きる意味など、存在しないのだから。

ジークムント・フロイト

医師（1856－1939）オーストリア

1856年5月6日、フライベルク（現：チェコのプルジボル）でユダヤ人の毛織物商人の息子として生まれる。73年にウィーン大学に入学、81年に卒業、医学の学位を取得した。翌年、ウィーン総合病院に勤務。85年、神経病理学の私講師の資格取得、奨学金を得てパリに留学し、神経病理学を学ぶ。86年に帰国後、ウィーンの公立小児病院の神経科主任医師となる。1900年『夢の研究』を公刊し名声を得る。02年、ウィーン大学精神病理学員外教授就任。38年にはナチスの迫害によりイギリスへ渡る。ブロイアーと共にヒステリーの催眠による治療を試みたほか、精神分析によって心的生活の潜在意識を研究した。精神分析の創始者。著書に『精神分析入門』『夢判断』『幻想の未来』などがある。

Chapter 4

愛

love

愛というのは、
その人の過ちや自分との意見の対立を許してあげられること。

フローレンス・ナイチンゲール

看護師（1820－1910）イギリス

1820年5月12日、イギリス人の両親がフィレンツェに滞在しているときに生まれた。ドイツのプロテスタント・ディアコニッセ学院で看護師教育を受ける。44年以後に医療施設に強い関心をもち、ヨーロッパやエジプト各地を見学、53年、ロンドン淑女病院看護師長になった。54年にクリミア戦争の惨状を知り、イスタンブールのスクタリの野戦病院に38人の看護師を連れて赴任。傷病兵の看護から「クリミアの天使」と呼ばれた。帰国後の56年にはヴィクトリア女王に病院改革案を献策、60年にはナイチンゲール看護師養成所を創設した。

愛されることより愛することを。
理解されることより理解することを。

マザー・テレサ

カトリック教会修道女（１９１０－１９９７）北マケドニア

１９１０年8月26日、オスマン帝国領コソボ州（現：北マケドニアの首都スコピエ）に生まれる。18歳で修道女会に入り、29年にインドに渡る。カルカッタ（現：コルカタ）で教師を務めた後、現地の貧困者を救済する活動を開始し、50年に「神の愛の宣教者会」を創設。老人や孤児、障害者、ハンセン病患者などに向けた慈善施設を数多く開設し、インド国内から世界各地へと貧困者救済活動を広げた。この活動により、教皇ヨハネ23世平和賞（71年）、アルベルト・シュヴァイツァー国際賞（75年）、ノーベル平和賞（79年）など多くの賞を受賞した。97年に87歳で死去したあと、２００３年に福者、16年には聖人となった。

本当の愛は、もはや何一つ見返りを望まないところに始まるのだ。

アントワーヌ・ド・サン＝テグジュペリ

小説家・操縦士（1900-1944）フランス

1900年6月29日、由緒ある貴族の家系に生まれる。カトリック系の学校で中等教育を終えたあと、海軍軍人をめざすが、兵学校の入試に失敗し、21年兵役に服し陸軍飛行操縦学生となる。兵役で操縦を習い、のちに民間航空の操縦士となる。29年『南方郵便機』、31年『夜間飛行』で名声を博した。第2次大戦に志願兵として従軍中、コルシカ島から出撃したまま行方不明となる。著作に『人間の土地』『星の王子さま』『戦う操縦士』、未完の大作『城砦』がある。

恋をして、しかも賢くあることは不可能だ。

フランシス・ベーコン

哲学者・神学者・法学者（１５６１－１６２６）イギリス

１５６１年１月22日、ロンドンで６人兄弟の末子として生まれる。73年、ケンブリッジ大学に入学、２年ほどで退学。その後、パリに渡り、帰国後の82年に法廷弁護士の資格を取得した。その間に父が死去、急遽帰国し、後ろ盾がないまま国会議員などの政治活動に入った。１６２１年、汚職のため公職を退き、以後著述に専念した。20年『ノヴム・オルガヌム』を著し、スコラ哲学の三段論法による４つのイドラを主張した。近代イギリス経験論の創始者。著書に『新アトランティス』『学問の進歩』がある。

男は女の最初の恋人になりたがるが、
女は男の最後の恋人になりたがる。

オスカー・ワイルド

詩人・小説家・劇作家（1854－1900）イギリス

1854年10月16日、アイルランドのダブリンで医師の家庭に生まれる。幼少期には母によって女子の格好をさせられる。オックスフォード大学に学び、ロンドンの社交界に出て、機知と耽美的生活態度によって注目を浴びた。91年以降『ドリアン・グレーの肖像』『ウィンダミア卿夫人の扇』『サロメ』『まじめが肝心』などの戯曲、詩や批評など多彩な文筆活動で名声を得たが、95年に男色事件のために入獄し『深淵より』を執筆。出獄後はフランスへ移り、貧窮のうちに死去。

女、女こそ男を完成させる唯一のものである。
問題は時間にあるのではなく、あなた自身にあるのです。

フョードル・ドストエフスキー

作家（1821－1881）ロシア

1821年11月11日、モスクワの医師の家に生まれる。16歳のときに、ペテルブルクの工兵士官学校に入り、卒業後、工兵局に勤めるが1年で退職する。46年『貧しい人々』の成功を機に文筆活動に専念する。ペトラシェフスキーのサークルに接近し、49年に逮捕され、死刑執行の直前にシベリア送りとなる。10年後、首都ペテルブルクへの帰還を許され、『虐げられた人々』などを発表した。『地下室の手記』『罪と罰』『カラマーゾフの兄弟』などの大作群を発表し、「実存主義の先駆者」といわれている。

わたしの見解では、未婚の男は人生を半分しか楽しんでいない。

ヴォルフガング・アマデウス・モーツァルト

作曲家（１７５６－１７９１）オーストリア

１７５６年1月27日、作曲家レオポルト・モーツァルトの末子としてザルツブルクに生まれる。63－66年、父に連れられてパリ、ロンドンなどを訪問した。68年には歌劇『バスティアンとバスティエンヌ』を初演。72年にはミラノで『ルチオ・シッラ』などを作曲。帰郷後、『交響曲第28－30番』などを書く。77－79年に職探しのためマンハイム、パリを訪れるが、道中で同行の母が他界し、職も見つからなかった。81年、ウィーンに出て自由の身となるが、生活はしだいに窮乏した。82年に結婚、84年フリーメーソンに加入する。『フィガロの結婚』『ドン・ジョヴァンニ』『魔笛』などの代表作が次々と誕生するが、『レクイエム』を未完のまま35歳で死去。ハイドン、ヴェートーヴェンと並んで「古典主義の確立者」と言われる。

人は女に生まれるのではない、女になるのだ。

シモーヌ・ド・ボーヴォワール

小説家・批評家（1908－1986）フランス

1908年1月9日、パリで弁護士の父、銀行家の娘である母から生まれる。13年、アドリーヌ・デジール学院に入学した。28年、パリ大学文学部に入学、在学中にサルトルと知り合い、生涯にわたる関係となる。29年に教授資格を取得、パリをはじめ各地のリセで教鞭をとったが、43年以降教壇を去り、哲学、政治、社会問題など多岐にわたる著作活動を続けた。著作に『招かれた女』『他人の血』などがあり、54年の『レ・マンダラン』はゴンクール賞を受賞した。

女はティーバッグみたいなもの。
熱湯につけられてはじめて、その強さに気づくのです。

エレノア・ルーズヴェルト

第32代合衆国大統領夫人（１８８４－１９６２）アメリカ

１８８４年10月11日、ニューヨークで第26代大統領セオドア・ルーズヴェルトの姪として生まれる。父はアルコール中毒、母は冷酷な人で早くに死別し、イギリスの祖母のもとで教育を受けた。１９０５年、結婚。21年以後、小児麻痺で療養中の夫を支え、33年フランクリン・ルーズヴェルトが大統領に当選後はファースト・レディーとして多彩な役割を果たした。45年、夫の死後、国連アメリカ代表となり、国連人権委員会委員長として世界人権宣言の起草にあたった。52年国連代表退任後は世界各国を歴訪し、講演や文筆活動を続けた。『This is My Story』『私自身で』など多数の著書がある。

男がありとあらゆる理屈を並べても、
女の一滴の涙にはかなわない。

ヴォルテール

作家・哲学者（１６９４－１７７８）フランス

１６９４年2月21日、公証人の息子としてパリに生まれ、イエズス会系の名門校ルイ・ル・グランで学ぶ。在学中から文学の分野で早熟な才能を示したと言われたが、摂政オルレアン公の風刺詩を書いたため１７１７年、バスティーユに投獄された。翌年出獄、『オイディプス』が初演されて成功を収める。26年にロンドンへ渡り、同年帰国。『カール12世伝』『ザイール』に次いで発表した『哲学書簡』で再びパリ追放になる。著作は『習俗論』『ザディーグ』『カンディド』など。

女は非常に完成した悪魔である。

ヴィクトル・ユーゴー

小説家・劇作家（1802-1885）フランス

1802年2月26日、ナポレオン軍将軍の父と王党派の母から三男としてブザンソンで生まれる。幼少期はイタリア、スペインなど父の配属地を転々とし、のちに別居中の母とともにパリに移り、教育を受ける。22年『オードと雑詠集』を発表。以後約60年間にわたり、ロマン派の国民的大詩人として、フランス文学史上不朽の足跡を残した。その死は国葬となりパリ中の人が参列した。代表作に『クロムウェル』『ノートル・ダム・ド・パリ』『レ・ミゼラブル』などがある。

おわりに

ただ幸福のつかみ方を学べばよい。

幸福はいつも目の前にあるのだ。


ドイツの詩人・劇作家であるゲーテの言葉です。

単純明快ですが、本当の幸せとは何か、そんな気持ちになりました。

偉人の言葉には力があります。

しかし、いくら力があっても皆さんに適したものでなければ意味がありません。その時、その状況で一番適切な名言が本書にあったなら幸いです。

また、名言から偉人を知る、偉人から名言を知るなど、名言を通して知見を広げていただけたなら大変嬉しく思います。

最後に、本書を執筆するにあたり、様々な方のお力添えをいただきました。また、最後までお読みいただいた皆様にも御礼申し上げます。

木村　進

参考文献

『100年後まで残したい 日本人のすごい名言』齋藤 孝(アスコム)
『ギリシア・ローマ名言集』柳沼重剛(岩波書店)
『世界名言大辞典 新装版』梶山 健(明治書院)
『中国古典名言事典』諸橋轍次(講談社)
『10代のための座右の銘』大泉書店編集部(大泉書店)
『世界名言集』岩波文庫編集部(岩波書店)
『人生はニャンとかなる! —明日に幸福をまねく68の方法』水野敬也・長沼直樹(文響社)

木村　進（きむら・しん）

1964年東京生まれ。さまざまな職業を経て、現在はサービス業を中心とした経営コンサルタントとして活躍。また、世界各地のサービス業調査も行っている。人生における言葉の重要性に気づいて以来、言葉の研究に取り組み、多くの人へ「運命を好転させるための言葉の使い方」のアドバイスを行っている。著書に『頭がよくなる名言100』『20代のうちに知っておきたい 言葉のルール21』『日本人なら知っておきたい名言100』『人を好きになり、人に好かれる 人間関係の技術』（総合法令出版）がある。

道をひらく
賢者の名言100

2020年1月24日　初版発行

著　者　木村　進
発行者　野村直克
発行所　総合法令出版株式会社
〒103-0001 東京都中央区日本橋小伝馬町15-18
ユニゾ小伝馬町ビル9階
電話　03-5623-5121
印刷・製本　中央精版印刷株式会社

落丁・乱丁本はお取替えいたします。

ISBN 978-4-86280-728-1

総合法令出版ホームページ　http://www.horei.com/